AF224595

HENRION DE PANSEY.

ÉLOGE HISTORIQUE

Prononcé, le 25 novembre 1837,

DEVANT LA CONFÉRENCE DES AVOCATS DE PARIS,

par

E. D. FORGUES.

Imprimé aux frais de l'Ordre.

ÉLOGE

D'HENRION DE PANSEY.

Messieurs,

Il y a soixante-deux ans, les travaux de la Conférence des Avocats furent repris avec un éclat et une solennité peu ordinaires : la mort imprévue de Louis XV venait de mettre un terme à la persécution des Parlemens, et notre Ordre qui s'était associé aux résistances du seul corps qui veillât alors au maintien des libertés publiques; notre Ordre, rompant le silence qu'il avait gardé devant les juges commissionnés des Chambres Royales, se livrait à toute l'exaltation d'une victoire long-temps douteuse, qu'il avait su attendre sans fléchir, mais dont il avait pu désespérer.

Dans les rangs de l'austère jeunesse qui se pressait autour des Gerbier, des Linguet, des Caillard, des Carré de Saint-Pierre, se trouvait un avocat déjà estimé de ses confrères, bien que récemment inscrit au tableau : l'Eloge de Dumoulin, prononcé par lui en 1773, et depuis lors resté comme un modèle dans nos fastes oratoires, avait commencé sa renommée. Au milieu de la résistance générale qu'on opposait aux tentatives hardies du chancelier Maupeou, sa résistance particulière avait été marquée par la suppression de la dédicace de son premier ouvrage, adressée au Parlement dans la personne de M. Molé de Champlâtreux, fils du premier président; en le choisissant pour être une seconde fois leur organe, et cela dans un moment où la formalité du discours de rentrée prenait le grave caractère d'une protestation politique, ses confrères décernaient donc cette récompense autant à la fermeté du citoyen qu'au mérite littéraire du jurisconsulte.

Dans une circonstance si solennelle, Henrion crut pouvoir enfreindre les usages de la conférence et chercher hors du barreau le sujet de son Eloge. Guidé par un ingénieux sentiment des convenances, il salua le retour des parlementaires exilés en exaltant l'héroïsme du magistrat que les discordes civiles trouvent inébranlable dans ses convictions et dont l'inflexible caractère dédaigne également le poignard des factieux et les séductions du pouvoir. Ce fut cette idée qui préoccupa le jeune orateur; et quand il dut lui chercher un nom, une personnification, un symbole, la magnifique existence de Mathieu Molé s'offrit la première à son choix.

C'était une tâche difficile mais belle; belle surtout pour un jeune philosophe enivré des conquêtes de l'indépendance politique, et qui en cherchait les premières traces dans les collisions funestes soulevées, durant la minorité de Louis XIV entre le pouvoir royal et la magistrature suprême. Maintenant, d'ailleurs, il est permis de voir une sorte de pressentiment et de mystérieux appel dans le choix que fit Henrion, puisque la succession des temps réservait à l'heureux panégyriste une destinée moins orageuse, mais aussi grande, aussi respectée, aussi pleine que celle qu'il célébrait alors et devait plus tard reproduire.

Ainsi, lorsque Henrion se leva dans cette enceinte pour évoquer devant nos prédécesseurs le majestueux fantôme de Mathieu Molé, son passé le justifiait déjà; son avenir devait le justifier mieux encore.

Mais moi, chargé d'une tâche semblable à tant d'égards, quels droits avais-je donc à ce périlleux honneur? quels travaux accomplis, quelles garanties données ont pu valoir vos bienveillans suffrages au plus silencieux, au plus ignoré de vos confrères? Il tremblerait, Messieurs, en acquittant la dette que votre confiance lui a imposée; mais il trouve avec bonheur dans votre choix si gratuit, si peu mérité, un présage et comme une garantie de l'indulgence dont il a besoin.

Messieurs,

Pierre-Paul Henrion naquit à Treveray, près de Ligny, en Lorraine, le 28 mars 1742. Cette date est loin d'être insignifiante, car elle nous reporte au milieu du XVIIIe siècle à l'époque où commençait la moqueuse royauté de Voltaire, où déjà fermentaient chez nous les idées que font naître les besoins d'une transformation sociale. Le jeune Henrion, que sa position indépendante n'isolait pas du mouvement général, reçut fortement l'empreinte de cette époque remarquable par l'activité de ses tendances. Dans ses idées, dans ses penchans, dans le caractère de son esprit, dans la direction de ses travaux, nous retrouverons jusqu'au bout

— 5 —

l'homme de la génération qu'enseignèrent Mably et Montesquieu, l'homme des généreuses théories qui préparent les révolutions, l'ennemi des actes odieux et des êtres corrompus qui, presque toujours, servent à les accomplir.

Sa jeunesse s'écoula inaperçue dans l'obscurité d'un collége de province, ses cours de droits s'achevèrent à Pont-à-Mousson ; et il entra dans la capitale, à vingt ans, muni d'un très léger bagage de science, ainsi qu'il aimait plus tard à le rappeler. Reçu avocat un an après, il fit un stage de quatre années et fut en 1767 inscrit au tableau de l'Ordre.

Sans protecteur, loin de sa famille et de ses amis d'enfance, privé de toutes les relations qui semblent indispensables au début de notre pénible carrière, Henrion ne jugea pas impossible d'arriver, par le seul ascendant d'un travail opiniâtre, à se faire un nom, une clientelle. Il dut en chercher les moyens.

Les circonstances nécessaires à l'avocat pour se produire par la plaidoirie manquèrent-elles au jeune Lorrain ; fut-il éloigné des audiences par le dégoût que les détails oiseux de la pratique inspirent aux intelligences d'un ordre élevé, aux âmes douées d'une certaine délicatesse : voilà des questions que rien ne m'autorise à résoudre ; quoi qu'il en soit, après avoir une seule fois pris la parole devant la table de marbre de l'Amirauté, qui, sur sa plaidoirie, rendit à la liberté un esclave pour lequel il réclamait les priviléges du sol libre où son maître l'avait amené , Henrion rentra dans la solitude studieuse de son cabinet, et, comme le conseille d'Aguesseau, *s'ensevelit tout vivant dans une profonde retraite*, pour y dompter l'avenir par de longues méditations et de fortes études.

Soit que les anciens magistrats aient eu pour coutume de prêter une oreille moins attentive aux bruyans débats des audiences, soit que le désir excusable de juger, non pas vite, mais bien, leur rendît nécessaires ces recherches spéciales que dédaigne maintenant la prompte sagacité des juges , le Mémoire et la Consultation, ces puissans auxiliaires de la plaidoirie, n'étaient pas encore tombés dans le discrédit où nous les voyons aujourd'hui : d'ailleurs on n'avait pas encore inventé l'exploitation quotidienne des scandales judiciaires ; et le travail du jurisconsulte, seule pâture indirectement livrée à la curiosité maligne du public, avait acquis peu à peu le rang et la valeur d'une œuvre littéraire. Plusieurs membres du barreau s'étaient exclusivement voués à ces compositions : Henrion prit place parmi eux ; et attirant à lui, par un choix bien entendu (1), les contestations en même temps les plus importantes et les plus épineuses, afin de se mettre promptement au rang des feudistes estimés, il traduisit et commenta le traité où le génie actif de Dumoulin avait, au XVIe siècle, classé, éclairci, ramené à des principes homogènes l'incohérence et l'obscurité de la jurisprudence féodale.

(1) M. Laget-Bardelin, professeur de droit cnon à la Sorbonne, avait par ses conseils donné cette direction anx études d'Henrion.

Ce premier travail, en livrant au jeune écrivain le secret de sa force, ne l'avait cependant satisfait qu'à demi. Réduit au rôle ingrat du commentateur, il portait péniblement le fardeau de cette science étrangère et selon lui mal ordonnée. On l'entend, plein de son sujet, invoquer dans sa préface la venue d'un écrivain qui complète, en les résumant, l'œuvre des Loyseau, des Dumoulin, des Livonnière; ni Despeïsses, ni Boutaric, ni Duplessis, ni Bacquet, ni Billecoq, ni Bourjon, ni Chantereau-Lefèvre n'ont accompli la tâche que rêve Henrion, et il s'écrie en terminant sa préface : « Pour faire de cet ouvrage un traité sur la matière, il faut un second volume et j'y travaille. »

Ce second tome se fit attendre seize ans. Au bout de ce temps, il avait pris les proportions oubliées de l'in-quarto. Le manuscrit promettait au moins six volumes, et renfermait près de quatre-vingts traités sur les matières du droit féodal qui prêtaient le plus à la controverse.

Les libraires reculèrent épouvantés devant les frais d'une publication semblable; et lorsque l'un d'eux, enfin, osa risquer les deux premiers volumes des *Dissertations féodales*, l'année venait de s'ouvrir, l'heure venait de sonner où l'ancienne Constitution, sourdement sapée depuis plus d'un demi-siècle, allait crouler sous l'effort des novateurs politiques. L'étrange suicide de la noblesse française, cette inexplicable vengeance, allait faire payer à Louis XVI le sang versé par Richelieu. L'antique monarchie, l'antique féodalité, ces superbes rivales, tombaient ensemble, dévorées par l'incendie que Luther avait allumé à leurs pieds.

Henrion ne vit pas sans une profonde tristesse comment se réalisaient sur la place publique les philanthropiques utopies de l'athéisme; les théories passionnées de Rousseau, les rêveries constitutionnelles de Mably, les gracieux et perfides sarcasmes de Voltaire, toutes ces conceptions téméraires de la pensée, tous ces jeux de l'esprit qu'il avait acceptés et propagés le révoltèrent lorsqu'il les retrouva sur des lèvres impures, grossièrement parodiés et mêlés à des cris de mort.

Dès l'abord, et tandis qu'un certain nombre de ses confrères obéissait encore à l'impulsion révolutionnaire, Henrion, que ses profondes études historiques protégeaient contre un entraînement irréfléchi, déplorait déjà l'anéantissement du pouvoir royal. « Vous êtes un aristocrate, vous regrettez le droit féodal et votre cabinet de consultations, lui disaient alors Treilhard et Merlin, que leurs opinions commençaient à éloigner de lui. Mais quelques années après, lorsqu'il les revit encore émus de la tourmente qui venait de s'apaiser et qui, tout en les portant aux honneurs, avait plus d'une fois menacé de les engloutir : « Vous aviez bien raison, lui dirent-ils, notre Constitution de 91 ne valait pas grand'chose. »

Le monument de jurisprudence qu'il avait péniblement élevé, croulant à l'improviste; vingt-sept ans de travaux rendus inutiles, une belle carrière tout-à-coup fermée devant lui, son indépendance compromise, ses jours menacés, telle fut la part d'Henrion dans les désastres de la patrie. Il avait alors près de cinquante ans; ses yeux, brûlés par les veilles et l'étude des documens originaux de l'histoire, allaient bientôt lui refuser service, et cependant il ne fléchit point : tant et de si rudes épreuves le trouvent calme et résigné ; il recommence sans murmure une vie dont il sait les difficultés, et marche sans crainte vers un avenir dont il méprise les menaces.

De tels exemples seront-ils donc éternellement perdus pour nous? L'avidité trompée de nos rêves orgueilleux sera-t-elle toujours fertile en découragemens prématurés ? Ne saurons-nous jamais tourner au profit de nos travaux l'incessante activité de nos désirs ? Présomptueux et bruyans créanciers du destin, en présence de cette philosophie sereine qui subit sans trouble les injustices providentielles, persisterons-nous à les maudire avant de les avoir subies ?

Tandis que de toutes parts on voyait les ambitions d'abord déçues demander leur place au nouvel ordre de choses, qui, détruisant toutes barrières, semblait ouvrir tous chemins, Henrion, quittant Paris, chercha sous le toit de ses pères non pas seulement à préserver sa tête du niveau capricieux que les bourreaux promenaient sur la France, mais à éloigner aussi de lui le contact des mœurs nouvelles et des hommes nouveaux. Une antipathie d'autant plus vive le séparait de ces licencieux démagogues, qu'il voyait en eux les profanateurs de sa religion politique. Il ne leur pardonnait pas d'avoir souillé de fange et de sang la liberté, sainte idole de sa jeunesse.

Pendant le séjour qu'il fit à Joinville, l'administration de son district, quelquefois embarrassée d'un pouvoir brusquement remis à des mains novices, recourut aux profondes connaissances d'Henrion. Il se servit de cette confiance forcée pour protéger des droits qu'on eût sans lui facilement méconnus, et le maintien d'une donation qui plaçait la célèbre terre de Cirey en la possession de Mme de Simiane, nièce du duc de Châtelet, émigré, fut un des actes de justice qu'au risque de se compromettre il obtint de juges hostiles et méfians.

Nommé en 1796 premier administrateur de la Haute-Marne, il accepta cet emploi, qu'il devait à l'estime affectueuse de Treilhard et de Merlin, alors membres du Directoire. Mais malgré les difficultés d'une position pareille, il ne devint jamais aux mains du pouvoir un instrument d'espionnage et d'oppression. « Je veux savoir, lui écrivait le ministre de l'Intérieur, à quel degré de mon échelle politique je dois placer chacun de vos administrés. » — «Placez-les tous au premier degré de votre échelle, répondit l'administrateur. » Son ironie ne fut heureusement pas comprise.

Le rétablissement des Écoles Centrales lui permit de reprendre ses travaux favoris comme professeur de législation à Chaumont. Déjà de nombreux élèves, parmi lesquels on comptait plusieurs anciens avocats, s'étaient ralliés à cette voix grave des paisibles enseignemens qu'on avait pu croire pour jamais éteinte, lorsqu'en 1800 le gouvernement consulaire, enlevant Henrion à la douce obscurité de son professorat, l'appela un des premiers à faire partie de la Cour de cassation que l'on reconstituait alors, et qui fut, grâces à l'indépendance du pouvoir, assez fort pour ne pas céder à ce qu'on nomme aujourd'hui des *nécessités parlementaires*, la première source de la doctrine, comme elle était le premier degré de l'autorité judiciaire.

Jusqu'ici, spectateurs attristés, nous avons suivi de l'œil les fortunes diverses d'une de ces luttes obstinées que chaque jour voit se reproduire entre le mérite et le malheur : à partir de ce moment, la volonté humaine semble avoir dompté la résistance aveugle des événemens, et, placé dans la haute et paisible sphère pour laquelle il était fait, libre des nuages ennemis, le génie d'Henrion va suivre désormais sa route sans obstacle. Les jours nécessiteux d'une réorganisation sociale trouveront accumulés en lui les trésors qu'il leur faut et que le malheur l'aura forcé de réunir en silence.

La compétence d'une juridiction nouvelle, mal définie par la loi qui en dotait le pays, laissait trop de place à l'arbitraire, trop d'excuses à l'erreur. Les hommes qu'elle avait investis d'un pouvoir jusqu'alors inconnu, choisis à une époque où l'énergie des opinions révolutionnaires tenait lieu de tout mérite et remplaçait toute capacité, contribuaient à discréditer l'institution récente par les abus dont ils la rendaient complice. L'active attention du nouveau magistrat vint au secours de la loi menacée ; *le traité sur la compétence des juges-de-paix* mit un terme aux dénigremens de l'ignorance, et sauva des dangers d'une réforme irréfléchie la judicature nouvelle.

En 1810, le livre intitulé *De l'Autorité judiciaire* révéla chez Henrion des études moins spéciales, une tout autre portée de talent et ces habitudes de généralisation que l'influence des contestations individuelles détruit souvent chez le magistrat, enchaîné à l'appréciation minutieuse d'un texte douteux et de faits dénaturés.

La récompense de ces travaux ne se fit pas attendre : Henrion fut nommé président de section ; et cette première dignité, en plaçant ses services dans un jour plus complet, allait bientôt en appeler d'autres.

Membre d'une commission qui délibérait sous les yeux de l'Empereur une question législative, Henrion ouvre un avis contraire à celui du maître et ramène à son opinion, d'abord isolée, Napoléon lui-même et tous les conseillers présens. Surpris qu'un talent pareil lui fût encore inconnu : « Pourquoi, s'écria le fougueux capitaine, en sortant de la séance, pourquoi ce *vieux bonhomme* n'est-il pas de mon conseil ? Je veux qu'il en soit. »

Henrion voulut en vain décliner cette distinction flatteuse. L'Empereur insista personnellement, accepta, pour ainsi dire, toutes les conditions que le noble vieillard se crut en droit de lui imposer, et lui ôta ainsi tout prétexte de refus. Il fut entendu qu'Henrion resterait membre de la Cour de cassation, qu'il ne ferait pour le Conseil-d'Etat aucuns rapports écrits et surtout qu'il prendrait, selon son usage, des vacances de deux mois. Là ne se bornèrent pas les faveurs dont il devint l'objet. Déjà membre de la Légion-d'Honneur, il reçut, sous le titre de baron et sans l'apprécier bien haut, le baptême aristocratique dans lequel la vanité italienne du chef de l'Etat confondait toutes les gloires et toutes les capacités, toutes les vertus et tous les services.

Un procès important que le fisc venait de perdre en Cour d'appel et sur lequel, avant de se pourvoir, on consultait la Cour de cassation, montra l'indépendance d'Henrion, restée la même après tant de caresses et de séductions. L'avis de la Cour ayant été défavorable au fisc : «Quelle réponse rendrai-je à Sa Majesté? » s'écria le Procureur-Général : « Dites à Sa Majesté, répondit le président, qu'il vaut mieux perdre quatre millions que d'ôter à la Cour de cassation sa réputation d'intégrité.

Lors de la première Restauration, le Gouvernement Provisoire, à qui la précipitation des événemens et l'indécision des souverains alliés imposaient des choix en dehors de tout esprit de parti, voulut placer les sceaux de France et les attributions du Grand-Chancelier dans les mains d'un homme dont le nom rassurât la Magistrature et le Pays. Henrion fut désigné par M. de Talleyrand, ce rare appréciateur des besoins d'une transition politique ; et, marquée par l'abolition de tribunaux exceptionnels (1), la mise en liberté de citoyens arbitrairement détenus, le rappel de magistrats destitués pour avoir, dans un moment difficile, entravé la volonté vengeresse du sublime despote (2), sa courte administration inaugura pas les actes les plus généralement applaudis le retour un instant populaire des princes exilés.

Toutefois, il faut le reconnaître, Henrion ne pouvait pas être maintenu dans cette haute position. Il était en effet un de ces hommes qui, vivant beaucoup plus dans le monde de leurs pensées que dans le monde réel, arrivent aisément à séparer un principe de ses applications et restent volontiers fidèles au va n fantôme d'une théorie que pour eux les faits ne démentent jamais, car jamais elle n'est mise en œuvre à leur gré. Le despotisme de l'Empire n'avait pas ôté au président ses idées sur l'influence nécessaire du pouvoir royal. L'anarchie ne l'avait pas fait renoncer à voir l'élément populaire introduit avec succès dans le pouvoir dirigeant. La monarchie tempérée était son fait : elle le séduisait par l'apparente équité de son principe, l'ordre logique de ses rouages. Resté fidèle aux idées d'une époque que les Bourbons avaient le droit de haïr, il avait foi, malgré les leçons de Platon et d'Aristote, de Tacite et de Machiavel dans cette pondération de pouvoirs rivaux qui, supposant une lutte constante, suppose en même temps une constante égalité de force : combinaison difficile que l'égoïsme spirituel de Louis XVIII accepta comme un jeu piquant ; qui, prise au sérieux, se rompit dans les mains de son religieux successeur : bizarre problème dont chaque jour nous admirons la solution factice comme un tour de force inespéré.

Les sceaux passèrent presqu'immédiatement des mains d'Henrion dans celles du chancelier d'Ambray.

(1) Cours prévotales, Tribunaux de douanes.
(2) Clavier, Lecourbe. — Procès de Moreau

Plus tard, une autre cause donna un caractère plus marqué, plus personnel, à l'indifférence que la branche aînée témoignait au président. Le duc d'Orléans avait uni dans la composition de son conseil le profond savoir d'Henrion à l'habileté de M. Tripier et à la parole de M. Dupin aîné; on savait que leurs rapports officiels ne liaient pas seuls à ce prince le premier de ses conseillers, et c'en était assez pour qu'il partageât la muette défaveur qui pesait sur son noble client.

Ainsi soustrait à la stérile et dévorante activité de la vie politique, Henrion put reprendre le cours de ses travaux solitaires. Après le livre *De la Pairie*, commentaire historique de quelques articles de la Charte, vinrent les *Traités du Pouvoir Municipal* et *des Biens Communaux* d'abord réunis, puis, séparés et qui furent suivis de l'*Histoire des Assemblées nationales en France*.

En 1828, après la mort du vertueux de Sèze, la voix publique appelait à lui succéder le magistrat le plus justement populaire de la Cour de cassation. Peut-être eût-on hésité, néanmoins, à lui conférer cette suprême dignité, mais les convenances hiérarchiques parlaient bien haut, sous un gouvernement de légitimité : un autre choix d'ailleurs eût trahi les mécontens jusque là silencieux. Ce qui était juste se trouvait en même temps politique. Henrion fut nommé par ordonnance du 17 mai.

Arrêtons-nous un instant, Messieurs. La progression biographique nous manque, profitons de ce répit; et maintenant que nous avons parcouru ensemble les vicissitudes de cette belle carrière, élevons-nous à l'appréciation des travaux de l'écrivain. Multiple comme l'homme, il devra comme lui se décomposer : jurisconsulte, historien, publiciste, Henrion n'essaya point de séparer les rameaux que sur l'arbre de la science il trouva étroitement un s. Jetons ensemble un timide coup-d'œil sur ces trois brillantes faces d'un même talent.

II.

Vous avez vu, Messieurs, que l'étude passionnée d'une jurisprudence prête à disparaître, avait occupé la jeunesse d'Henrion : étude inopportune en apparence, et qui, payée par tant de loisirs, par tant de belles joies perdues, le laissait, au milieu de la vie, maître d'une science inutile à ses concitoyens, pareil à ces malheureux que nos légendes naïves nous montrent frappés d'un charme malfaisant, et dans les mains desquels l'or le plus pur se métamorphose en viles feuilles d'arbre.

Mais il ne se laissa pas décourager et il eut raison : tout vrai labeur est fertile. Dans ces œuvres dédaignées dont les libraires ne voulaient plus se trouvait enfouie une richesse qui devait un jour trouver son emploi.

Montesquieu, pareil à un voyageur qui a vu plus qu'il ne peut dire, a semé l'Esprit des Lois d'indications précieuses léguées à ses successeurs. Sa route est tracée. Il sait sa mission et ne perd pas de vue les bornes de l'espace et du temps ; il ne dévie pas : mais chaque fois que s'ouvre à ses yeux un chemin qui n'est pas le sien, un sentier où il ne doit pas s'engager, il laisse un indice, élève une sorte d'écriteau qui dit à ceux qui le suivent : « N'oubliez pas que là sont des contrées fertiles et une moisson vierge, ne glanez pas plus loin sur mes traces. Là est votre avenir, là sont les champs inexplorés. » Ainsi, au XXXe livre de son immortel ouvrage, après avoir montré l'obligation où il est de parler des lois féodales — ce chêne dont la tige énorme s'aperçoit de toutes parts, mais dont les racines sont profondément cachées dans le sol — il s'écrie avec amertume : « Ceci demanderait un livre exprès. »

Les *Dissertations féodales* répondaient à ce vœu : elles eussent satisfait ce noble désir, et c'est ce livre dont il ne reste qu'un fragment mutilé ; c'est ce livre qui, victime inanimée d'une époque où le savoir était proscrit à l'égal de la vertu, semble avoir passé, lui aussi, sous la guillotine de 93 !

Henrion (pour continuer la belle métaphore que nous venons d'emprunter à Montesquieu) avait mis une incroyable ardeur à fouiller la terre autour du chêne féodal: et s'il n'en découvrit pas toutes les racines ; si quelques parties de cet étrange et magnifique système échappèrent à sa pénétrante analyse, la faute en est à son époque et non pas à lui.

En effet, au moment où les *Dissertations* furent composées, la féodalité avait depuis long-temps perdu son caractère de fédération anti-monarchique. Le rétablissement de l'autorité royale lui avait enlevé toute son importance, toute sa dignité originelles ; le noble n'était plus le protecteur du vassal roturier ; l'honneur et la foi religieuse, sublimes garanties de l'exécution loyale du pacte féodal, avaient fait place à l'insatiable avidité que développent chez tous les peuples les progrès parallèles du luxe et de la civilisation. N'ayant plus besoin de soldats pour le défendre, de conseillers pour l'assister, mais bien de tributaires pour l'enrichir, le seigneur opprimait purement et simplement, et sa tyrannie subalterne moins dure à certains égards, mais aussi dépouillée des compensations anciennes, ne faisait qu'aggraver le fardeau de l'autorité centrale. Du système féodal, quelques abus, quelques exactions s'étaient seuls perpétués ; et ces abus, on les ressentait d'autant plus vivement qu'ils contrastaient, par leurs formes barbares et leur symbolisme gothique, avec les mœurs et les idées nouvelles. Il était donc impossible qu'Henrion, à cette époque, et disciple de qui vous savez, appréciât sans passion, avec le désintéressement et l'impartialité nécessaires, le véritable sens politique des lois du moyen-âge. Il fallait en venir à ce désintéressement curieux qui est le caractère dominant de notre époque, pour juger sainement les phénomènes de la féodalité.

Toutefois, en dehors de cette appréciation il y avait à remplir une lacune déplorable ; le droit féodal n'a été recueilli comme doctrine que vers le temps de sa décadence : les plus anciens et en apparence les plus sûrs des écrivains qui ont traité cette matière, l'ont fait dans des conditions d'erreur qu'un homme comme Henrion ne pouvait méconnaître. Il les fallait en quelque sorte refaire, et, se méfiant de leur dangereux secours, extraire par lambeaux cette science oubliée des chartes et des monumens judiciaires contemporains de sa véritable existence.

Là fut le travail d'Henrion: et soit qu'il suive dans toutes les modifications de son essence étrange, le fief, cet être mixte, composé de droits, de devoirs et de domaine, participant à-la-fois de la loi politique et de la loi civile; soit qu'il nous initie à cette fiction singulière de *l'homme vivant et mourant* par laquelle une corporation main mortable scindait la continuité de son existence pour ne pas faire tort au seigneur des droits perçus à chaque transmission héréditaire du fief laïque; soit qu'à propos de la *franche aumône* il montre les barrières ingénieusement élevées entre la prodigalité pieuse de nos ancêtres et l'esprit envahissant du clergé; soit enfin que ses recherches sur l'allodialité l'amènent à l'examen de la règle célèbre, *nulle terre sans seigneur*, et qu'il passe en revue les nombreux systèmes groupés autour de ce principe aussi vague que fécond, toujours on trouve en lui la même patience d'investigation, la même méthode, la même verve polémique; toujours cette abondante facilité de l'écrivain qui, limitant ses efforts, arrive à dominer une province de la science et à la connaître dans ses moindres détails, comme le cultivateur connaît le champ sur lequel, depuis un quart de siècle, il promène un soc assidu.

Si le mérite intrinsèque des *Dissertations féodales* est amoindri pour nous par la destruction d'une partie de l'ouvrage et la publicité restreinte de ce qui en reste, elles en ont un du moins que nous ne pouvons méconnaitre : c'est de receler le germe, d'être la cause et l'origine des livres qu'Henrion écrivit après elles et qui ont eu de meilleurs destins. Quelques-uns, les *Traités de l'Autorité Judiciaire, de la Pairie, des Assemblées nationales*, toutes ces études d'histoire et de droit public dérivent clairement de la source que nous indiquons. Mais dans ceux-là même qui semblent devoir lui être complètement étrangers, où le président s'est borné à expliquer des lois nouvelles, l'érudition des choses passées qui s'y fait jour à chaque instant révèle l'existence de travaux antérieurs, et de recherches qui n'ont pas eu pour but spécial l'ouvrage dont il est actuellement occupé. C'est ainsi que dans le *Traité des Biens Communaux* le chapitre XX, fournissant les règles d'après lesquelles on doit juger de la vérité des anciens titres, trahit l'habitude des vieilles chartes et des diplômes jaunis dont le feudiste étudie avant tout la physionomie et l'extérieur, preuves matérielles de leur indispensable authenticité. C'est encore ainsi que les premières pages du *Traité sur le Pouvoir Municipal* nous montrent le pouvoir intermédiaire s'établissant de lui-même et sans le concours de l'autorité publique, par la seule force des institutions féodales.

Pardonnez-moi, Messieurs, de vous avoir si longuement entretenus de ce livre que bien peu d'entre vous connaissent, que beaucoup ne connaitront jamais. Mais, vraiment, c'est là le succès le plus mérité, sinon le mieux obtenu, par l'homme illustre qui nous occupe. C'est là le robuste enfant de sa jeunesse laborieuse, celui qui devait entre tous perpétuer le nom de son auteur et le rendre à jamais célèbre. Songez aux sacrifices, aux élans d'orgueil, aux espérances, au dévouement qu'un tel ouvrage résume, et dites-moi si le dédommagement d'une justice tardive devait lui être réparti d'une main avare et timide.

Le *Traité de l'Autorité Judiciaire* fut écrit sous l'empire. Les deux premières Constitutions révolutionnaires avaient successivement péri par le même vice, savoir : la faiblesse du pouvoir exécutif livré sans défense aux folles attaques des démagogues; celle de l'an VIII fut dictée par cette pensée que le despotisme était le seul remède à l'abus qu e l'on avait fait de la liberté. Elle renferma tous les principes du pouvoir absolu, et Napoléon fut choisi pour les développer. Dès l'abord, disposant à son gré du pouvoir exécutif proprement dit et du pouvoir administratif, ce nouveau maître sentit que les seules limites de son empire étaient les barrières élevées entre le dernier de ces pouvoirs et l'autorité judiciaire. Il s'occupa aussitôt de les reculer; la loi du 28 pluviôse et celle du 29 floréal an X furent sur ce point ses premières conquêtes, Portant l'autorité administrative au centre du domaine judiciaire, elles instituaient des tribunaux amovibles et dépendans qui tranchaient de hautes questions de propriété par des jugemens qu'aucune forme ne consacrait. Cet essai réussit et de vint le prélude de tous ces envahissemens qui investirent le Conseil-d'Etat d'attributions énormes, et qui en firent un centre formidable de puissance sans contrôle.

Le livre d'Henrion fut une protestation doctrinale contre ces empiétemens.

Ma tâche n'est pas de résumer devant vous cet ouvrage, où se trouve épuisée l'une des matières les plus importantes et les plus délicates de notre droit public ; où l'origine, les développemens, la nature et les rapports divers de l'organisation judieiaires sont traités avec la plus vaste érudition. Qu'il me soit permis de vous le citer seulement comme un modèle frappant de l'art avec lequel on peut sous tous les régimes être l'organe de toutes les vérités utiles et se faire par la modération des formes, la convenance du style, une indépendance presque entière d'opinion et de principes. Dans ce livre, en effet, la liberté absolue du pouvoir judiciaire est établie à chaque page; à chaque page la nécessité d'une séparation complète entre l'exercice de ce pouvoir et les autres branches du pouvoir exécutif : la soumission de la force au droit est pour ainsi dire le véritable sujet que traite Henrion; et nulle part l'œil étonné ne saisit un passage qui puisse éveiller les susceptibilités d'un gouvernement ombrageux nulle part une de ces paroles qui lui suscitent des résistances et provoquent sa colère; rien enfin qui fasse naître l'idée d'un contraste fâcheux entre les théories propagées et la position officielle de celui qui les répand.

Cette bienséance, qui permet de tout dire dans tous les temps, n'a jamais été portée plus loin que lorsque, dans la seconde édition du traité dont nous parlons, Henrion, membre du Conseil-d'Etat, discuta l'exis tence de ce grand Tribunal administratif : il le regardait comme indispensable, mais il niait la légalité de son institution. N'oublions pas du reste, en vous signalant ce passage, qu'il y a ici mieux et plus qu'un modèle de critique législative, mieux et plus qu'une preuve d'habileté littéraire; il y a l'enseignement d'une noble et morale indépendance, l'abnégation de l'homme de bien et le triomphe si rare de l'amour de la vérité sur les inspirations de l'égoïsme collectif que l'on appelle *esprit de corps.*

Destiné à définir l'emploi qu'allait remplir sous son ancien nom et dans une constitution nouvelle le vieux principe de l'aristocratie, le *Traité de la Pairie,* après avoir retracé l'histoire de ce corps politique, expliqua la différence d'attributions existant sous le rapport judiciaire entre l'ancienne institution et celle que la Charte venait de rétablir. Il montra la juridiction de la chambre haute, à-la-fois plus restreinte et plus élevée, borne à des cas spéciaux, mais ne relevant alors d'aucune juridiction supérieure. A ce sujet, et comme pour dater cet ouvrage, en apparence de pure doctrine, quelques lignes émues qui le terminent, nous disent, s'il est besoin, comment Henrion avait envisagé une condamnation alors récente. Vous le verrez, frappant d'un double appel l'arrêt du 6 décembre 1815, évoquer tacitement les pairs de Michel Ney, ici-bas devant l'opinion publique et là-haut devant le juge de tous !

Les écrits d'Henrion, postérieurs à la Charte, prouvent qu'il regardait ce contrat comme le palladium de la liberté. Les derniers efforts de sa vie furent consacrés à l'histoire de la représentation nationale. Il rassembla de ses mains tremblantes ce qu'un ingénieux écrivain a nommé les titres de noblesse de la bourgeoisie française, et les origines oubliées de la puissance populaire se retrouvèrent dans son inépuisable science au moment où il dut croire que le présent vouait à un mépris dangereux les leçons utiles du passé. Maintenant, Messieurs, aurais-je, par hasard, à vous montrer les forces épuisées d'un vieillard de 80 ans, trompant sa persistante volonté ? me serait-il imposé de blâmer, dans cette ébauche inachevée, quelques contours indécis, quelques négligences de détails ? Non vraiment, Messieurs, un pieux souvenir nous imposera de respecter une erreur qu'explique chez Henrion la noble habitude des succès tardifs. Il avait bien le droit de se confier en sa vieillesse si puissante, si féconde; et pour avoir celui de nous montrer sévères envers elle, il nous manque à tous, mes jeunes confrères, de l'égaler aujourd'hui; à beaucoup, l'espoir légitime de l'égaler jamais.

Edité dix fois, traduit dans presque tous les idiômes européens, le *Traité de la Compétence des Juges-de-Paix* est le plus universellement répandu, le plus populaire des ouvrages que la jurisprudence moderne a produits. J'ai déjà dit dans quel but il fut composé : pour protéger l'œuvre imparfaite de la loi, Henrion entoura cette œuvre récente du prestige des vieux souvenirs; il rappela ces charges de défenseurs de la cité, magistratures protectrices que les Romains laissaient aux peuples conquis; ceux de nos anciens Tribunaux dont la juridiction avait quelques analogies avec celle des juges-de-paix. Il étudia surtout les développemens successifs qu'a reçus en Angleterre l'institution sur laquelle l'Assemblée constituante avait pris exemple, et nous apprit comment, par un phénomène qui rappelle les suites de l'affranchissement de nos communes , créée au profit du pouvoir royal et pour contrebalancer l'influence aristocratique, cette institution avait fini par devenir un moyen de résistance populaire, une garantie de liberté.

Si, de ces généralités, le temps me permettait de descendre aux détails du livre, vous savez, et vous savez mieux que moi, ce que j'aurais à louer, une érudition profonde qui n'exclut ni le charme, ni l'animation, ni la clarté du style; une analyse nette et sûre dans ses procédés, qui se joue des plus subtiles théories et les rend accessibles à tous. A qui, Messieurs, devons-nous les idées les plus justes, les principes les plus lumineux sur les juridictions ordinaires et d'exception ? n'est-ce pas Henrion qui le premier a nuancé pour nous l'excès de pouvoirs, la violation de la loi, le mal jugé, ces trois vices destructeurs des décisions judiciaires que distinguent quelquefois de si imperceptibles différences? n'est-ce pas lui qui, chaque jour, nous guide au milieu des difficultés de tout genre que présentent les actions possessoires et la revendication des meubles, sources intarissables de contestations acharnées où se complaît malheureusement l'esprit chicanier des classes pauvres ? Trouverez-vous dans aucun jurisconsulte, plus de pensées enfermées en aussi peu de mots : aucun a-t-il mis au service des arides théories du droit une phrase aussi habile, aussi limpide, aussi Voltairienne ?

Un mot encore avant de terminer ces inutiles réminiscences. Aux savans, le *Traité de la Compétence des Juges-de-Paix* semble trop élémentaire; ils ne reconnaissent plus la doctrine dépouillée de son idiome barbare et de ses inutiles subtilités. Les ignorans, au contraire, s'effrayant de quelques citations du grand coutumier, d'Imbert, de Loysel, de Masuer, se plaignent d'une érudition qui n'est pas descendue jusqu'à eux : critiques contradictoires, qui se réfutant l'une l'autre, suffiraient à justifier Henrion, si le suffrage public et vos souvenirs ne le défendaient mieux encore.

Avec un mérite moins saillant peut-être, mais une utilité tout aussi réelle, les deux traités *du pouvoir municipal et des biens communaux* ont consolidé les premières assises de l'édifice administratif et assuré l'existence matérielle de ces aggrégations où le citoyen trouve le premier enseignement de la puissance collective, principe aux applications dangereuses, mais qui, bien compris, nous rendra peut-être , comme calculs d'un égoïsme intelligent, l'esprit national et l'amour de la patrie qui furent les croyances enthousiastes d'un temps meilleur que le nôtre.

Dans l'analyse du pouvoir municipal, Henrion, fidèle à ses principes critiqua vivement l'intervention du pouvoir exécutif dans le choix des officiers municipaux. Il regardait justement cette intervention comme incompatible avec les principes d'un régime vraiment constitutionnel et semait dès-lors les germes d'affranchissement qu'un avenir prochain devait faire éclore.

Remarquons, en terminant, cet instinct social qui préside dès l'origine et jusqu'à leur terme aux laborieuses explorations d'Henrion. A son insu peut-être, il lui obéit toujours; ses pas, quelle que soit leur direction, retrouvent sans cesse leurs pentes favorites. Trace-t-il les limites d'une juridiction; ce sera de celle qui, par les bornes de sa compétence, touche aux intérêts à-la-fois les moins considérables et les plus nombreux. Analyse-t-il un des pouvoirs administratifs; ce sera ce pouvoir municipal, le seul et souvent le mieux connu des classes inférieures, celui qui conserve et défend les intérêts des citoyens les plus obscurs. Règle-t-il les rapports légaux et la police intérieure d'une classe de biens ; ce sera de ces propriétés communales les plus attaquées, parce qu'elles sont les moins défendues de toutes : trésor mal administré par le riche qui le méprise, tandis que la misère ingénieuse sait y glaner de précieux secours.

Ainsi porter toujours le poids de sa parole sur le plateau le plus léger de la balance politique, venir en aide aux faibles, protéger les droits en danger, telles furent les habitudes de cette haute intelligence dominée peut-être à son insu, je le répète, par l'instinct de nivellement et d'égalité qui est celui de la nation, mais qui fut surtout celui de l'époque où vécut Henrion.

III.

Ce n'est pas chose facile, Messieurs, que d'enserrer en quelques pages la longue vie d'un homme qui ne perdit jamais sa journée. Après tant de développemens, et une fatigue si longue imposée à votre indulgente attention, tout un ordre de souvenirs est encore devant nous, et c'est celui qu'il nous est le moins permis de négliger. Dans bien des années, en effet, et lorsque nous, que voici, nous aurons accompli sur la terre la mission pénible ou facile, obscure ou brillantes longue ou de courte durée, que nous réserve la volonté suprême, les écrits d'Henrion seront encore connus de nos successeurs et plus justement classés par eux qu'ils ne sauraient l'être par nous. Mais, grâce à l'instabilité des existences humaines, excepté la personnification abstraite de l'écrivain, rien de lui n'aura survécu; encore un peu de temps, et les oreilles seront closes de ceux qui l'entendirent; encore un peu de temps, et les yeux seront éteints de ceux qui peuvent dire: Je l'ai vu; encore un peu de temps, et tous ceux qui l'aimèrent auront disparu du milieu de nous. Chaque jour qui passe comble les empreintes laissées par Henrion lui-même dans la pensée de ses contemporains : hâtons-nous de consulter ces vestiges précieux.

Vous ne prononcerez jamais en vain le nom du Président devant un de ces vieillards qui vécurent avec lui A ce nom, leur visage s'éclaire, leur regard s'anime, vous venez de leur rendre un de leurs plus chers souvenirs; et si vous parlez surtout à un de ces graves magistrats qui partagèrent avec lui le fardeau d'une autorité souveraine, vous verrez le respect et l'affection se réveiller ensemble dans sa mémoire. Il ne saura point séparer le jurisconsulte de l'ami regretté : « C'était le *dernier des Romains*, vous dira-t-il, un L'Hospital, un d'Aguesseau; » et plus bas et en souriant, « c'était, ajoutera-t-il, le plus gai, le plus aimable des hommes. »

Jamais, en effet, personne mieux que lui ne réunit tout ce qui concourt à former l'idée d'un magistrat accompli.

Son assiduité ne se ressentait nullement des travaux considérables qu'il s'imposait en dehors de ses attributions judiciaires; suppléant par nne attention et une mémoire également remarquables au secours que lui refusaient ses yeux affaiblis, jamais l'exercice de ses hautes fonctions ne le trouva insuffisant ou embarrassé. Les plaideurs s'inquiétaient quelquefois du recueillement solennel dans lequel il restait plongé durant les audiences, et plus d'un trembla sans doute à l'expression équivoque de ses regards constamment baissés; mais le prononcé des arrêts faisait prompte et bonne justice de ces craintes injurieuses. Le nom des parties, la date des actes, la moindre circonstance de fait se trouvaient enregistrés comme par magie dans ses souvenirs que rien ne troublait. Pas un moyen n'était omis, pas un argument essentiel ne restaitsans mention ou sans réplique : et ce prodige se renouvelait souvent cinq ou six fois dans la même audience, car la chambre des requêtes, qu'Henrion a constamment présidée, juge ordinairement ce nombre de causes. C'était toujours sans notes et souvent sans délibéré préalable qu'il formulait ainsi des décisions dont on admirait la clarté, le laconisme, et dans lesquelles il déployait, le cas échéant, une effrayante érudition. Les collègues d'Henrion n'ont pas oublié l'audience solennelle qui précéda de peu de jours celui où il leur fut enlevé. Trois affaires, toutes trois importantes et difficiles, ayant été plaidées ce jour-là, on avait remis à la fin de l'audience les trois arrêts qui devaient être rendus; et le premier président, alors âgé de quatre-vingt-six ans, les prononça l'un après l'autre, de mémoire, sans hésiter un instant et sans oublier dans son triple résumé un seul point essentiel des diverses discussions qui, pendant cinq heures, s'étaient succédé devant lui.

Certains magistrats, emportés par l'excès d'un zèle nuisible à la vraie justice, profitent de l'ascendant qu'ils tiennent de leur position ou de eurs talens pour faire sans cesse prévaloir l'opinion qu'ils ont conçue et que, sans doute, ils croient infaillible. Loin de leur ressembler, Henrion, que son noble caractère et ses profondes connaissances eussent facilement rendu l'oracle de sa compagnie, mettait peut-être une modestie trop craintive, un désintéressement trop complet dans le délibéré des arrêts. Rarement il changea ses opinions; mais plus rarement encore il insistait pour les faire prévaloir, alors même qu'un partage à peu près égal dans les voix paraissait lui promettre une victoire facile : doutant beaucoup de lui-même, il doutait peu des autres et reculait devant la responsabilité d'un arrêt dont il eût été la cause et l'unique auteur.

Le Président n'était jamais oisif : une lecture d'une heure commençait sa journée, une lecture semblable la terminait. Peu à peu il avait mis son travail à l'abri des indiscrets : et, durant le jour, personne, sauf les plaideurs, n'était admis chez lui : pour ceux-là, il avait toujours un bienveillant accueil et une oreille patiente. Cependant il s'était fait, même contre eux et contre l'abus de leurs visites intéressées, une sorte d'asile inviolable : c'était sa maison de Vaugirard. Les jours où une audience ne le retenait point à Paris, il allait, suivi d son valet de chambre, dès longtemps façonné en lecteur et en secrétaire, s'enfermer dans cette retraite; et là, tout en bêchant, jardinier assez maladroit, un petit clos qu'il y avait joint, il composait dans sa mémoire et dictait ensuite quelques-unes de ces pages léguées à notre admiration. Il ne voulut point permettre, durant près de trente années, qu'on fît le moindre changement, la moindre réparation dans ce Tusculum des faubourgs. « Ma maison me » plut quand je l'achetai, disait-il; depuis lors j'ai cessé de la bien voir, » mais j'aime à me la représenter comme elle était le premier jour où j'en » devins le maître. »

Il souffrait mal qu'on vînt l'y troubler, et le jour où, à cet égard, ses ordres furent enfreints par c ux qui venaient lui apprendre qu'il était promu à la dignité de Premier Président : « On aurait bien pu attendre mon retour, dit-il, j'aurais travaillé une heure de plus. »

Le soir, son salon s'ouvrait aux amis que sa riante vieillesse y ramenait toujours plus nombreux et que Socrate lui eût enviés. Le savoir et la poésie, l'esprit et la vertu y étaient dignement représentés : Laplace y rencontrait Monthyon, Lamartine, Royer-Collard et Brillat-Savarin. Le premier président Séguier venait y chercher une image vivante de ces grandes figures parlementaires dont les souvenirs lui sont si précieux; et l'élite de la Cour suprême, les Borel, les Barris, les Zangiacomi, les Boyer, les Ruperou, les Gandon, foule d'illustres qu'on s'épuiserait à nommer, y formaient autour de leur chef une sorte d'imposante famille pour laquelle les plus nobles affinités de l'intelligence et de l'âme semblaient avoir remplacé les liens du sang.

Là venaient aussi des jeunes gens comme nous au début de leur carrière. Henrion les accueillait avec une prédilection toute paternelle, ceux-là surtout dont le dénuement et le manque de secours lui rappelaient son austère jeunesse. Il avait pour eux des encouragemens de tous genres, et leur redisait souvent, comme une des phrases qu'il était le plus fier d'avoir écrites, celle où il exalte avec un enthousiasme si chaleureux le rôle de l'avocat et le rang qu'il occupe dans l'ordre social; je ne la rappellerai point ici; elle est sûrement dans le souvenir de tous, et Dieu veuille, mes chers confrères, qu'elle y reste à jamais, non pas comme l'ornement exubérant d'une jeune éloquence, mais comme l'expression précise et vraie d'une magnifique réalité. (1)

Sous l'épitoge du magistrat, Henrion n'oublia jamais qu'il avait porté

(1) Libre des entraves qui captivent les autres hommes, trop fier pour avoir des protecteurs, trop obscur pour avoir des protégés, sans esclaves et sans maître, ce serait l'homme dans sa dignité originelle, si un tel homme existait encore sur la terre. *(Eloge de Dumoulin.)*

notre simple robe. Il dota notre bibliothèque de tous ses ouvrages; et quand le conseil de l'Ordre lui rendait visite : « Ce n'est pas le président qu'ils viennent voir, disait-il, c'est l'ancien avocat. »

Les vacances d'Henrion se passaient en partie aux eaux de Plombières et dans la terre de Pansey, dont il a illustré le nom. Son frère, ancien avocat aux conseils, l'attendait dans ce dernier séjour, où l'appelait d'ailleurs l'attrait si puissant des vieux souvenirs. Il y retrouvait avec bonheur les pelouses où son enfance s'était jouée, le toit modeste qui, plus tard, l'avait caché aux bourreaux, et mille autres de ces objets inanimés que nous donons de vie parce qu'ils participent à la nôtre, et qui semblent nous aimer parce que nous les aimons. Ainsi, près de la maison paternelle, quelques peupliers avaient grandi, jadis plantés par Henrion; ils lui étaient devenus singulièrement chers, et, dans les derniers temps de sa vie, ne les pouvant plus voir qu'à travers un épais nuage, il se fit plus d'une fois conduire auprès d'eux pour s'agenouiller à leur pied et mesurer de ses mains vénérables leurs troncs devenus plus vigoureux, leur écorce plus épaisse : on eût dit la jalouse sollicitude d'un père épiant la croissance des fils qui font son orgueil.

Il est aisé de juger combien cette existence de savant eût trouvé d'entraves dans les exigences quotidiennes de la vie conjugale ; aussi le président n'avait-il jamais songé à se marier. Napoléon lui en demandait un jour la raison : « Sire, répondit-il, je n'ai jamais eu le temps. »

La lecture remplissait sa vie. En dehors de ses études sérieuses, il fallait encore à cet esprit actif des délassemens autres que l'apathique néant d'un repos absolu. C'était alors des ouvrages nouveaux, histoire ou mémoires, brochures politiques ou productions littéraires, qui apaisaient son insatiable curiosité. Réduit à la satisfaire par les yeux d'autrui, is mettait volontiers à contribution tous ceux qui l'approchaient. Quelquefois il n'osait ouvertement demander ce bon office à ceux dont il avait souvent exploité la complaisance, ou qui auraient pu se formaliser d'une exigence trop directement énoncée. Mille ruses charmantes, mille piéges de conversation venaient alors au secours du Président ; et le lecteur improvisé croyait se fatiguer pour son propre compte, tandis qu'il était le jouet d'une innocente diplomatie.

Henrion, du reste, avait peu de livres, et surtout peu de livres modernes. Les anciennes Coutumes du royaume remplissaient à elles seules plus du tiers de sa bibliothèque. Le reste appartenait à quelques grands ouvrages de droit public, choisis de préférence parmi ceux des jurisconsultes étrangers, Leibnitz, Lunig, Andreas Knichen, Freiesleben, Heineccius, Beccaria, Bentham, et à un certain nombre des anciens feudistes, Boutaric, Prudhomme, Molière-Fontmaur, etc. Le droit nouveau y occupait une fort petite place, où se trouvaient en grande majorité les ouvrages spéciaux qu'Henrion avait dû consulter en composant ses derniers traités, ou qu'on avait publiés depuis sur les mêmes sujets ; Dupin, de Barante, Latruffe-Montmelyan, Duvergier de Hauranne, Parant Réal, sur les communes et les municipalités : Roathier, Pichon, Baroux, Sirey, sur l'existence administrative et judiciaire du Conseil-l'Etat. Chose singulière, on y voyait à peine quelques volumes sur l'histoire de France. si parfaitement connue de Henrion. C'étaient la *Chronique de Sigebert*, et la *Gallia Christiana*, *des bénédictins de Saint-Maur*, les *Mémoires de Sully, de Retz*, et l'*Histoire de Louis XI*, par Duclos.

Mais ces livres si peu nombreux étaient lus avec conscience ; le président les ménageait peu. « Je m'en sers comme de souliers, » disait-il énergiquement. Aussi, fatigués, annotés, mutilés même au besoin, ils expliquent merveilleus ment cette science positive, acquise à jamais, certaine d'elle-même, qui caractérise les écrits d'Henrion. On en cite un exemple trop remarquable pour être passé sous silence. Un jour, à l'improviste, un de ses amis le défie de dénombrer les ordres religieux qui existaient en France avant la Révolution. « Avez-vous une heure à me donner, demande le président ? — Oui, certes, répond son interlocuteur, voyant dans cette question une railleuse bravade. » Aussitôt Henrion commence l'énumération demandée, passe en revue dans l'ordre chronologique de leur établissement plusieurs de ces communautés, explique leurs costumes symboliques, définit leurs règles, et force bientôt le parieur indiscret à demander grâce.

A ce savoir profond, alliant une intarissable gaîté, il avait essentiellement l'art de relever, par les grâces et la finesse de l'expression, le récit des moindres incidens de la vie. Aussi aimait-il à conter, et admirait-il entre tous le naïf génie de La Fontaine. Dans les cahiers d'extraits où il rangeait sans ordre le butin de ses lectures, à côté d'une scène de Cinna ou d'une analyse de la constitution de l'an III, on trouve souvent quelques centaines de ces vers charmans que personne ne lit, mais que tout le monde sait par cœur, et que le vieux célibataire avait choisis de préférence parmi c..ux où les dangers de l'hymen sont le plus malignement raillés.

A cette école et à celle de Voltaire il avait puisé l'habitude de cette ironie philosophique, qui se jouant plus volontiers des idées que des hommes, amuse ces derniers sans les blesser. Mais les saillies de son esprit, ses réparties, ses bons mots, avaient un cachet d'originalité qu'on doit désespérer de leur rendre en les citant. Leur charme tout personnel était dans une certaine solennité de débit, mêlé d'un peu d'accent lorrain, et dans le contraste que formait avec les yeux du président, constamment immobiles et sans regards, le jeu expressif de ses lèvres souriantes ; toutes choses dont, malheureusement pour vous et pour moi, l'effet ne saurait être reproduit.

Citons cependant quelques-unes de ces paroles qu'il savait rendre aussi difficiles à oublier qu'elles le sont à redire.

Appartenant dès l'origine à l'ordre de la Légion-d'Honneur, il passe dans une ville où la Révolution avait effacé tout souvenir des anciennes distinctions nobiliaires et de leur symboles ; la décoration d'Henrion excite la curiosité : on s'attroupe autour de lui, et l'un des assistans prenant la parole au nom de tous : « Qu'est-ce que vous avez donc à la boutonnière ?

Pourquoi portez-vous ce ruban rouge, et à quoi vous sert-il ? — Mon ami, répond Henrion, vous m'en demandez là beaucoup plus que je n'en sais. »

Dans un des derniers voyages qu'il fit à Pansey , tandis qu'on était occupé à réparer sa voiture, il s'était assis sur un banc au bord de la route ; des gendarmes surviennent, et. saisissant tout d'abord l'occasion de faire une bévue, ils demandent au président ses papiers ; sur son refus ils insistent et font mine de vouloir le conduire en prison : « Vraiment, mes maîtres, s'écrie enfin le vieillard, vous me rendez bien glorieux ; je vois que vous me prenez pour un conscrit. »

Celui des collègues d'Henrion qui lui ressemblait le plus par son enjouement spirituel, l'auteur de la *Physiologie du goût*, rappelle avec bonheur dans cet ouvrage quelques-unes des plaisanteries du président. Je lui cède volontiers la parole :

« Le président Henrion, dit-il, s'adressant à trois des savans les plus
» distingués de l'époque actuelle (Laplace, Chaptal et Bertholet), leur
» disait en 1812 : Je regarde la découverte d'un mets nouveau, qui sou-
» tient notre appétit, et prolonge nos jouissances, comme un événement
» bien plus intéressant que la découverte d'une étoile. De ces dernières,
» on en voit toujours assez. »

« Je ne regarderai point, continuait ce magistrat, les sciences comme
» suffisamment honorées tant que je ne verrai pas un cuisinier siéger
» à la première classe de l'Institut. »

La sérénité d'esprit, qui lui inspira ces douces plaisanteries, Henrion la devait à une heureuse modération de vœux qui dérivait elle-même de cette indifférence que l'homme de savoir prend aisément pour les intérêts terrestres qui agitent la vie et troublent les cœurs. Jamais il ne connut les tourmens de l'ambition. Le poids des honneurs qu'il avait déjà reçus, sans les briguer, prévenait en lui tout désir d'en obtenir de nouveaux ; et sa philosophique insouciance fut sans doute la seule cause qui lui ferma l'entrée de deux grandes enceintes où ses talens et ses vertus l'appelaient : la Chambre des pairs et l'Académie française. En 1827, plusieurs départemens voulurent être représentés par lui ; mais il déclina leurs offres de candidature, et donnant une tournure piquante à son refus : « Passe encore répondait-il à l'un de leurs envoyés, si je n'avais que 80 ans. »

L'existence simple, paisible, harmonieuse dont je viens d'esquisser si imparfaitement les principaux traits, ne recelait aucun germe apparent de dissolution, et les ans qui s'accumu'aient sur la tête d'Henrion semblaient, comme la neige aux grands arbres, lui être une parure brillante, plutôt qu'un pesant fardeau. L'heure approchait néanmoins où , *vaincu du temps*, le Nestor de la magistrature française allait être enlevé à l'amour des siens, à la vénération de tous. Une maladie de poitrine palliée plutôt que guérie par deux de nos plus savans médecins. laissa le président dans un état d'épuisement physique que son âge avancé ne permit pas de combattre ; et, le 23 avril 1829, il s'éteignit sans souffrance, sans tristesse, sans noirs pressentimens. Son intelligence n'avait, durant le cours de sa maladie, subi aucune altération; et le jour même de sa mort, encore en possession des facultés puissantes qu'il avait maintenues entières en les employant sans relâche, il corrigeait les épreuves de son dernier ouvrage. C'était mourir en soldat, au champ d'honneur : un livre étant pour lui comme pour Bayard une épée, son arme, sa passion et sa gloire.

Les regrets qu'il laissait ont trouvé trop d'interprètes, et de trop illustres, pour qu'il soit nécessaire de les rappeler ici ; mais, entre toutes, la voix de M. Dupin aîné a marqué la place de celui que, disait-il, il osait à peine nommer son collègue. Nos anciens vous diront comment, en 1829, inaugurant la rentrée de nos conférences, il rendit un éclatant hommage à ce *vieillard vénérable, le seul, dans ces temps modernes, qui n'ait redouté la comparaison avec aucun ancien.* La même année, il affirmait devant la Chambre des députés: qu'*il serait impossible de le remplacer dignement en France* (1). Elevé en 1830 à la dignité de Procureur-Général, les premières paroles de son discours d'installation furent consacrées au souvenir du chef que la Cour de cassation regrettait encore. Enfin, pour clore dignement cette magnifique série de panégyriques, il a voulu, en 1835, que le portrait d'Henrion fût placé à côté de celui de Mathieu Molé dans cette galerie où ont été réunis, par ses soins, les personnages qui lui ont paru former le *type principal de toutes les gloires dans la législation, la magistrature et le barreau.*

A de telles louanges, il m'est interdit d'en ajouter une seule; mais non pas de résumer en quelques paroles le sens moral de la vie qui les inspira.

Le plus dangereux des écueils qui attendent nos premiers pas, c'est le spectacle des succès rapides que l'intrigue obtient au détriment du mérite. Cette désespérante leçon, produite à nos regards chaque jour et sous mille formes, nous décourage, flétrit en nous toute ambition bien placée, nous montre le but là où il n'est pas, fausse la direction de nos efforts, et nous enlève les saintes croyances qui font préférer la couronne de laurier à la couronne d'or.

Heureusement que, de temps à autre, l'œil consolé s'arrête sur quelque destinée comme celle d'Henrion, complète, rationnelle, cohérente dans toutes ses parties, où le triomphe ne vient qu'après le combat, la renommée qu'après une laborieuse obscurité, les honneurs qu'après de pénibles dévouemens.

Croyez-moi, c'est à celles-là, mes chers confrères, à celles-là seulement qu'il faut demander exemple et courage.

Vous y puiserez deux sortes d'enseignemens.

Elles vous diront, d'abord, que des efforts constans ne sont jamais inutiles. que la modestie, si elle nuit aux premières manifestations du ta-

(1) Séance du 3 juin 1829.

lent, le fortifie par des craintes salutaires et le rehausse quand il s'est enfin révélé; qu'à la longue, justice se fait quelquefois ici-bas.

Mais elles vous diront surtout que l'habitude du travail domine assez vite l'âme et lui inspire un généreux dédain pour les joies grossières que l'homme demande en vain aux passions les plus ardentes et les plus coupables; qu'alors et quand on est venu à aimer l'accomplissement du devoir pour lui-même, l'étude et la science pour leurs purs entrainemens, l'existence se résume et s'absorbe dans ce culte sans déceptions : le zèle se nourrit, en quelque sorte, de sa propre substance et n'a plus besoin de mobiles étrangers à lui. Ces destinées vous diront qu'une vie relevée, ennoblie, idéalisée à ce point, cesse d'être accessible aux chagrins comme aux plaisirs vulgaires; les revers ne l'atteignent pas; les succès y sont à peine ressentis : les uns et les autres sont au-dessous d'elle.

Et si, comparant à cette grandeur dont l'Intelligence revêt ses adeptes, à cette paix profonde qu'elle fait autour d'eux, à cette satisfaction inaltérable dont elle les remplit, les enivremens toujours éphémères, toujours incomplets, toujours troublés, que les ambitions matérielles procurent, vous arrivez à regarder ces derniers comme peu dignes de vos désirs, à placer plus haut le but et la récompense de votre travail, à spiritualiser vos espérances ; en quittant le chemin qui mène à une prompte fortune, vous aurez peut-être pris celui de la gloire, mais à coup sûr celui du bonheur.

IMPRIMERIE DE BRUN, PAUL DAUBRÉE ET Cie.
RUE DU MAIL, 5.